OU EN EST LE PACTE DE BORDEAUX?

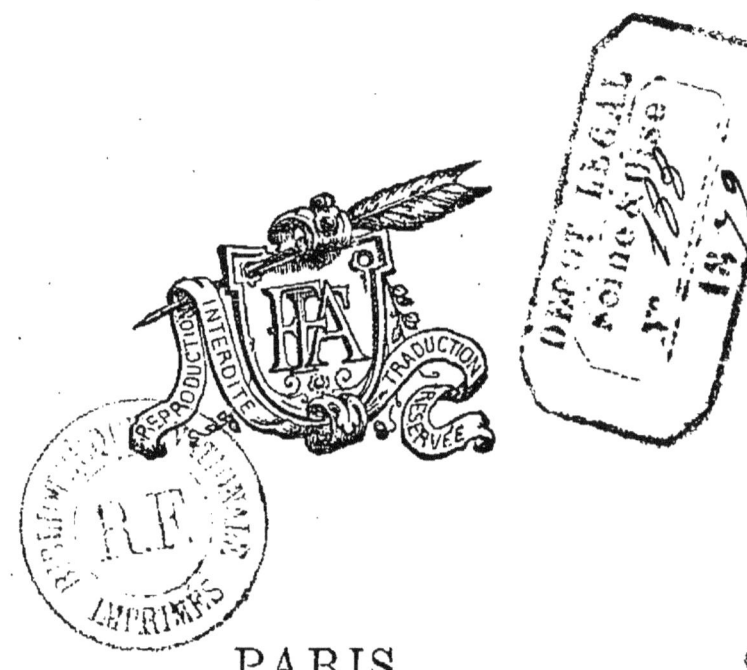

PARIS

AMYOT, LIBRAIRE-ÉDITEUR

8, RUE DE LA PAIX, 8

—

1872

OU EN EST
LE PACTE DE BORDEAUX ?

L'Assemblée Nationale va-t-elle enfin nous donner la solution des grands problèmes qu'elle a si soigneusement évités dans sa première session ?

Telle est la pensée qui court d'un bout de la France à l'autre, et qui trouve de l'écho dans le cœur de tout citoyen, quelle que soit son opinion. Les nations ne sont pas faites pour le provisoire, et un pouvoir débile, qu'on peut accepter parfois dans une situation prospère, devient dans les moments difficiles, surtout après les défaites et les revers, une cause de luttes à l'intérieur, d'humiliation au dehors.

Plus le provisoire durera, plus il augmentera les difficultés du pouvoir, le débilitera, et creusera le gouffre où s'engloutit chaque jour le crédit de la France.

Quand l'Assemblée s'est réunie à Bordeaux pour signer une paix que la guerre à outrance avait rendue désastreuse, la seule pensée d'arrêter l'anéantissement de notre patrie l'avait emporté sur les questions de parti, et d'un commun accord on avait réservé la forme du gouvernement et la question dynastique : nous ne pouvions pas attendre moins d'une assemblée française recevant notre patrie brisée par les Prussiens, deshonorée par les hommes du 4 septembre.

Du reste, l'Assemblée sortant à peine du scrutin, gardait au fond du cœur le sentiment de sa mission; elle était décidée à l'accomplir, laissant à d'autres le soin de trancher la grande question de monarchie ou de république. — Le pacte de Bordeaux fut donc accepté de tout le monde, et si, répondant à la confiance que l'assemblée et le pays tout entier avaent témoignée aux hommes qu'ils mirent au pouvoir, ceux-ci avaient loyalement agi pour la France et non pour eux-mêmes, tout provisoire aurait déjà cessé, et nos ressources, développées par un gouvernement fort, auraient couvert nos engagements.

Jamais dans l'histoire des peuples une mission plus belle ne fut offerte et ne fut plus volontairement compromise.

A Bordeaux, il n'y avait pour ainsi dire plus de partis : les légitimistes sortaient de leur longue retraite, apportant leur dévouement, sinon leurs lumières, et résolus alors à soutenir le gouvernement ils auraient mis à son service leur ardent patriotisme et leur honneur tout entier. Les orléanistes voyaient dans le chef du pouvoir exécutif un ancien ministre de Louis-Philippe, et, en mémoire de leur roi, ils auraient donné leur habileté et cet esprit d'intrigue qui fait la force de ce parti. — Je ne parle pas des bonapartistes : les décrets de Gambetta leur avaient fermé l'assemblée, et une presse ignoble, déchaînée depuis six mois, les avaient discrédités dans les masses.

A ce moment, le gouvernement provisoire était le droit, était la force; — était le droit parce que tous les partis auraient attendu la volonté nationale et qu'aucun n'aurait songé à l'enchaîner, — était la force, parce qu'il tenait les débris du drapeau de la France.

M. le chef du pouvoir exécutif n'a pas compris la grandeur de cette mission : il a élevé plus haut sans doute sa visée : il a pesé sur les délibérations de l'Assemblée, il l'a absorbée dans sa personnalité, et il l'a ainsi condamnée à partager l'impopularité qui, chaque jour, s'attache de plus en plus à son nom.

Le seul parti qui cherchait à bénéficier de la forme provisoire du gouvernement, était le parti républicain, — encore il était gêné par les élections de février, et fractionné en plusieurs nuances, il ne pouvait pas être un obstacle : il eût été plutôt un secours.

C'est dans ces dispositions que l'Assemblée arriva à Versailles : elle allait subir une épreuve dont le contre-coup devait influer sur toutes ses décisions.

La Commune venait d'éclater : je n'approfondirai pas la question de savoir si on aurait pu la réprimer à l'origine. Il semble qu'une main machiavélique eût tout préparé dans cette catastrophe : les avertissements n'avaient pas manqué : le 31 octobre, le 22 janvier avaient fait entrevoir l'abîme, un vent d'émeute passait dans l'air; M. de Bismarck lui-même en avertit Jules Favre, et malgré tout, les yeux restèrent fermés.

Les marins, l'armée livrèrent leurs fusils et leurs canons, les mobiles furent désarmés : seule la garde nationale conserva ses chassepots, et les canons furent confiés à des bataillons de Belleville. On a fortement blâmé l'imprévoyance et la légèreté de certains généraux, on dépassa de beaucoup cette légèreté, de plus on était prévenu : faut-il croire que le sentiment de l'armée n'était pas celui du gouvernement, et que celui-ci avait plus de confiance et croyait trouver plus de force dans la garde nationale de Paris : c'est la crainte chimérique d'un nouveau 2 décembre qui fit le 18 mars.

La violence de la Commune fut la cause de sa chute : l'horreur pour les doctrines des chefs de l'insurrection empêcha les témoignages de sympathie de se produire, mais en toute justice l'on doit affirmer que la Commune avait pour adhérents, d'une part, tous les républicains d'action, et de l'autre tous les hommes dont la réputation était compromise.

Dans le gouvernement lui-même, certains personnages n'auraient pas caché leur penchant, si l'horreur de la France honnête n'avait éclaté en apprenant l'assassinat des généraux Lecomte et Thomas.

L'armée nous sauva, et les généraux de l'empire, réparant les fautes des avocats de l'opposition, préservèrent Paris d'un incendie total.

C'est alors que nous vîmes couler ces larmes célèbres, et que nous entendîmes implorer le pardon de Dieu et des hommes : spectacle étrange, accents nouveaux pour la tribune politique, mais châtiment bien mérité : quand les philosophes et les avocats se font un jeu des gouvernements et des volontés nationales, il n'est point étonnant que le rebut du peuple se fasse un jeu des sociétés !

La Commune eut un effet tout aussi grave que le sang versé et les ruines amoncelées, elle jeta l'Assemblée dans les bras de M. Thiers. Le pacte de Bordeaux était rompu par les Républicains, et si les autres partis le respectaient encore, c'est qu'ils croyaient que le chef du pouvoir exécutif allait employer pour le maintenir toutes les forces de la nation, et allait s'inspirer du danger social pour se trouver à la hauteur de sa mission.

Il semble que tant d'horreurs aient effrayé un pouvoir débile, les accusés ont langui longtemps, les plus célèbres d'entre eux ont attendu plusieurs mois avant de payer leur dette par leur sang ; encore a-t-il fallu pour quelques condamnations la pression du pays entier, et dans la commission des grâces une certaine énergie pour résister à la pitié, dont le chef du Gouvernement s'était fait l'apôtre !

Chose étonnante ! Là où l'action directe du gouvernement était nécessaire, nous ne trouvons aucune trace de ses efforts. Les principaux chefs de la Commune avaient fui; quelle est l'extradition qui a été demandée ?

Est-ce celle de Félix Pyat, de Cluzeret, de Razoua ?
Nous sommes forcés de croire que vous avez volontairement refusé justice à la France honnête, ou bien que votre crédit est tellement mort en Europe, qu'un forban cosmopolite peut impunément vous braver.

Si je m'en rapporte au message, où les meilleures relations semblent nous unir avec toutes les puissances, je suis forcé de croire qu'il n'est pas un gouvernement régulier qui eût refusé les incendiaires de Paris : n'a-t-on pas livré M. Janvier de la Motte, l'ancien préfet, pour un détournement dont la constatation, à ce qu'il paraît, devient une œuvre difficile et laborieuse ?

Au reste, la politique intérieure nous donne assez de preuves. — Au lendemain de la Commune, quand le sang des soldats rougissait les rues, et que les ruines fumaient encore, ne voyons nous pas un membre du ministère porter des consolations aux prisonniers des pontons, et audacieux parce qu'il se sentait soutenu, donner aux uns la liberté, aux autres des adoucissements, entravant ainsi la marche impartiale de la justice.

Résultats funestes d'une politique dépouillée de grandeur !

Après huit mois, les pontons gardent encore leurs prisonniers, les uns coupables, les autres innocents ! Il fallait punir, si on ne voulait pas amnistier, — dans le premier cas, le gouvernement se livrait à la droite de l'Assemblée, dans le second, à la gauche ; il a eu peur de ces deux hypothèses et a cherché à rester à égale distance des deux partis. L'amnistie lui aurait assez convenu, mais il n'avait pas la force de l'imposer à la droite : pour pouvoir amnistier, il faut avoir le sentiment de sa puissance et surtout le faire partager à ses amis et à ses ennemis.

La rigueur était donc nécessaire. Toutefois on agit aussi doucement que possible. Certains ministres restèrent en possession de leur portefeuille : leurs attaches avec la Commune et l'Internationale n'étaient un mystère pour personne.

Des membres de la Commune qui avaient signé ses horribles décrets continuèrent à siéger au conseil municipal de Paris, et peu à peu on relâchait sans bruit tels ou tels prisonniers.

Sans le bons sens de l'Assemblée, M. Thiers s'arrogeait le droit de grâce : la position odieuse qu'il a essayé de faire à la commission montre l'usage qu'il aurait fait de ce droit. Ne fallait-il pas ménager la gauche, et ne pas trop alarmer la droite : la question Rivet était à l'ordre du jour et le titre de Président de la République était trop important pour ne pas influer sur l'avenir du pays.

Par un reste de pudeur, on déclara que ce titre n'avait rien que de provisoire, mais on se gardait bien de dire quand finirait ce provisoire qui cherche à devenir définitif.

Définitif, grand Dieu ! mais nous ne sommes pas

descendus si bas que nous restions insensibles à cette longue série de fautes accumulées en dix mois, sans la compensation de sages réformes obtenues, sans même l'espoir fondé d'un avenir meilleur.

Et, en effet, que s'est-il fait dans l'année de 1871, qui puisse nous donner des gages pour l'avenir ?

Est-ce par la diplomatie que le gouvernement a cherché à relever la France ?

L'illustre pèlerin qui parcourut l'Europe en 1870, implorant le secours des puissances pour ses frères de la gauche qui s'étaient fait gouvernement, savait mieux que personne quel était à l'étranger le prestige moral des hommes du 4 septembre. — L'accueil fait à la personne même du voyageur fut poli, il avait été ministre sous un gouvernement monarchique et passait pour un homme d'ordre. — Le résultat de la mission fit voir le crédit du négociateur et du gouvernement. Chaque cour avait un intérêt matériel à intervenir : les réponses furent partout les mêmes. — Nous agirons si telle puissance prend l'initiative. Et renvoyé d'une cour à l'autre, notre homme d'État dut rentrer sans avoir rien obtenu.

La vérité se peint tout entière dans ce mot prononcé il y a trois mois par un ambassadeur : « Comment voulez-vous que nous agissions pour vous, quand nous sommes obligés de nous défendre contre les principes d'anarchie dont vous êtes les apôtres ? »

En revenant de sa mission, M. Thiers pouvait s'être assuré par lui-même combien en Europe on aime à voir chez ses alliés un gouvernement solide et définitif. Il semble qu'un patriote, oubliant toute question personnelle, se serait attaché à relever avant tout le nom de la France, et que prenant exemple de la Restauration, il aurait couvert nos défaites par l'habileté de nos diplomates. — Le provisoire dure encore, et les hommes du 4 septembre sont ambassadeurs.

Ce n'est pas tout, pour bien affirmer dans ce sens la politique du gouvernement des ambassadeurs étrangers, qui avaient pour la France les sentiments les plus sympathiques, paraissent suspects et sont l'objet d'une méfiance aussi puérile que blessante.

Rien n'a été négligé pour nous aliéner les cours de l'Europe : la publication des relations diplomatiques, des papiers des Tuileries, des missions les plus confidentielles, porte à nos relations le coup le plus fatal : qui voudra désormais traiter avec nous quand tout pourra être divulgué un beau jour selon le caprice d'un mécontent ou d'un ambitieux : quel est l'homme d'honneur qui voudra être l'instrument d'une alliance quand ses rapports pourront dégénérer en une arme de parti ?

La situation à l'intérieur est au moins aussi triste ; par une faiblesse coupable, le personnel préfectoral créé par Gambetta a été en partie maintenu, et par crainte des réactionnaires on reste livré aux radicaux.

La droite de l'Assemblée a élevé la voix dans plusieurs circonstances : on lui a donné satisfaction en nommant à l'Intérieur un ministre sorti de ses rangs ; mais on a pris soin d'empêcher ce ministre d'agir, on a sans doute posé comme condition le maintien du personnel actuel. Si bien que nos départements sont administrés par des hommes qui ont fait de tout, sauf de l'administration, science qui, moins que tout autre, est matière d'intuition.

Que de fois, sous l'Empire, nous avons entendu crier au despotisme des préfets : il devait être donné à M. Jousserandot et autres préfets de la République de dépasser les bornes de la partialité; et si la faveur a quelquefois influé sous le régime précédent, M. Ferry devait faire regretter un favoritisme qui du moins se respectait. — Enfin, il est permis de se demander quels sont les titres de ces préfets d'occasion : est-ce parce qu'ils sont républicains : mais quelques-uns d'entre eux ne partagent pas cette opinion ; et, en tous cas, le seraient-ils tous, la violation du pacte de Bordeaux n'en serait que plus flagrante. Il est encore permis de se demander quelle est la situation des intérêts départementaux avec un personnel préfectoral si peu au courant des affaires, quand tous les jours il peut surgir des difficultés avec les commissions permanentes des conseils généraux, et qu'il est de notoriété que les anciens employés de préfecture sont encore les seuls qui comprennent le jeu des rouages compliqués de notre administration.

Pour la magistrature, la conduite a été la même, et l'effet moral des mauvais choix est encore plus fâcheux : à quoi désormais serviront le talent, le travail, l'honorabilité, de longs service rendus au pays, quand la destitution est la suite d'un coup de main politique et quand un gouvernement qui se prétend régulier s'appuie sur les déclassés dont il n'ose faire justice. — Que dis-je? les juges inamovibles n'avaient-ils pas été eux-mêmes destitués, et pour faire disparaître cette atteinte à la loi fondamentale de l'inamovibilité, la cour de cassation, n'a-t-elle pas dû intervenir, et la droite de l'Assemblée n'a-t-elle pas du prendre fait et cause ?

L'honneur des citoyens et leur fortune sont intéressés d'une manière trop directe au bon choix dans la magistrature, pour qu'un gouvernement, quel qu'il soit, n'apporte pas le plus grand discernement dans le choix des hommes appelés à ces difficiles fonctions. — Hélas ! cette précaution élémentaire a-t-elle été toujours prise?

Quand la France, brisée par la tactique prussienne, reconnaissait tout entière l'infériorité numérique de nos armées, elle aurait accepté dans son patriotisme une loi militaire par laquelle fût préparée la revanche : elle réclamait et réclame encore une organisation puissante : sous le coup des désastres aucun sacrifice ne lui aurait coûté, elle aurait fait comme l'Autriche en 1866. — Le lendemain de Sadowa, celle-ci introduisit une réforme radicale dans ses armées.

Notre situation était, sous ce rapport, meilleure. La mobile avait fait une longue et pénible campagne; elle offrait des éléments aussi bons que ceux de la landwher. Si on s'était préoccupé tout de suite de la loi sur l'armée et si on avait appliqué les réunions périodiques pour ces réserves, elles auraient fortifié les germes de discipline et perfectionné leurs cadres; aujourd'hui tout sera en grande partie à recommencer : on sait par expérience que les armées ne s'improvisent pas.

Je ne parlerai pas de l'armée active ; elle était tellement désorganisée par le dictateur de Bordeaux, qu'il lui faudra encore longtemps pour recouvrer son ancienne cohésion : cette masse d'officiers, à la suite, ne sera qu'une occasion de jalousie ; et si aujourd'hui pour cause de légalité, on fait descendre des officiers d'un ou plusieurs grades, il paraît au moins injuste de nommer d'emblée, à des grades supérieurs dans l'armée et la marine, les princes d'Orléans qui prennent la place de vieux officiers.

Le Message nous apprend que les baraquements sont parfaits pour la santé du soldat : les goûts militaires de M. Thiers sont assez connus pour croire qu'il aura voulu s'assurer par lui-même de l'excellence de ce genre de casernement.

En parcourant rapidement, comme nous venons de le faire, les principaux actes du gouvernement depuis son origine, on est forcé d'avouer qu'il a manqué à la mission réparatrice qu'il s'était imposée : mais si on pénètre jusqu'aux causes mêmes de sa conduite, le doute n'est plus possible ; c'est volontairement et en toute liberté qu'il nous a conduits où nous en sommes.

La Commune de Paris avait rendu M. Thiers nécessaire : sans lui, la droite se serait divisée : elle eut la sagesse de rester unie. — La gauche devait être l'instrument de M. Thiers pour se rendre indispensable. Il savait que la République devait avoir un président, et qu'à part M. Gambetta, rendu odieux par la guerre à outrance, le parti avancé ne pouvait lui opposer personne : alors il garda MM. Jules Favre, Picard, Simon, Ferry, etc., et s'attacha par mille avances cette gauche qui devait faire sa force. Cette politique a porté ses fruits : elle a ressuscité les partis, sous les coups desquels elle ne tardera pas à s'abîmer.

En effet, les précautions prises contre les princes d'Orléans, cette promesse écrite, exigée d'abord d'eux, de ne point siéger à la Chambre, et dont il vient de les relever avec une hauteur qui approche du dédain, ont aliéné ce parti : il comprend aujourd'hui qu'il a été joué une première fois à Bordeaux, et une seconde à Versailles.

Les légitimistes ont retrouvé M. Thiers de 1832, libéral frondeur, ministre inquiet : du reste, il n'a donné aucune garantie pour faire oublier Deutz, et pardonner Blaye.

Les Républicains avancés ne tiennent aucun compte des ménagements ; ils ne pardonnent pas l'exécution de quelques chefs de la Commune ; ils ne peuvent supporter tant de lenteurs dans la proclamation de la République.

Quant aux impérialistes, objet de la haine spéciale de M. Thiers, s'ils sont aujourd'hui si forts, c'est à lui-même qu'il doit s'en prendre.

La comparaison de l'état actuel de la France avec celui que lui avait fait l'Empire, prouve et au-delà, que les peuples ont besoin d'un gouvernement fort, et que la confiance qu'on inspire n'est pas toujours en raison des accusations qu'on accumule contre ses prédécesseurs et des mérites qu'on s'attribue à soi-même.

M. Thiers s'est cru obligé dans son Message de peindre les charges qui pesaient sur la France quand le gouvernement impérial a été renversé : si, en effet, on compare l'état du budget de 1851 à celui de 1866, on trouve pour ce dernier une augmentation de près de 745 millions.

Il fallait, pour être juste, dire que l'*Impôt direct* loin d'être augmenté avait plutôt subi des diminutions, que l'*Impôt indirect* n'avait pas subi de taxes nouvelles, et qu'en réalité la somme des impôts était restée la même : cette progression tenait uniquement au développement de la richesse publique.

Si cette augmentation du budget impérial était due à des contributions nouvelles, on comprendrait la confiance du gouvernement actuel : il pourrait compter sur ces recettes d'une manière positive : mais a-t-il bien examiné d'où venait sous l'empire cette progression croissante des revenus publics?

Elle venait uniquement de l'immense extension du bien-être général : l'agriculture, le commerce, l'industrie avaient acquis, sous l'impulsion de ce gouvernement un tel essor, et par là, la fortune publique, un tel accroissement, que le budget s'en était naturellement accru, surtout par les impôts indirects qui produisent plus ou moins selon la fortune d'un pays.

On peut donc se demander pourquoi M. Thiers a voulu se faire une arme contre l'empire de ce qui est précisément son plus beau titre de gloire : car il a enrichi la France, il a porté son commerce en importation et exportation de 2 milliards à 8 milliards, et les valeurs mobilières nationales de 5 milliards à 18 milliards !

Certes, il n'en est plus de même aujourd'hui, où, après avoir imposé toutes les sources de la richesse publique, on parle de frapper notre industrie dans son germe et de paralyser le commerce par un système protecteur !

Je crois même qu'avec toutes ces ressources, la

réalité des recettes sera loin de répondre aux dépenses : on fait figurer les impôts directs et même inditects comme devant continuer à donner au trésor les sommes qu'ils donnaient sous l'empire ; c'est là une grave erreur dont l'avenir fera seul connaître l'étendue.

Il est facile de blâmer ceux qu'on a renversés, mais la justice finit toujours par prévaloir ; plus on cherchera à perdre dans l'opinion publique un gouvernement, que la France a honoré de sa confiance pendant près de vingt ans, plus on s'exposera à se voir amoindri dans la comparaison que fera l'opinion publique du pouvoir débile qui nous gouverne, avec le régime puissant qui l'a précédé.

L'adresse et la perfidie ne peuvent rien contre la vérité, quand celle-ci peut se montrer : c'est en vain qu'on veut mettre les 5 milliards prussiens et les deux provinces perdues au compte de l'Empire; tout le monde sait, et le pèlerin politique de 1870 mieux que tout autre, que la paix à Sedan n'était pas la paix de Francfort : et les 3 milliards de la défense nationale, pourquoi dans le Message ne les porte-t-on pas au compte de ces hommes qui, dans leur folie, préférèrent ruiner la France plutôt que de renoncer à un pouvoir usurpé?

C'est la même pensée qui amène le Message à l'insuffisance de nos armements. — Eh bien! à qui la faute? Sont-ils purs ces hommes qui les ont empêchés de toutes leurs forces, qui ont excité la presse et effrayé le pays en criant au militarisme, qui ont taxé *de phantasmagorie* les juste craintes de nos généraux, et qui d'un autre côté, surexcitaient l'esprit national en montrant Sadowa comme une humiliation pour la France!

Qu'ils aient au moins la pudeur de se taire quand les ruines de la patrie leur ont servi de marchepied!

Ces récriminations contre l'Empire étaient de mise il y a un an, alors que la calomnie régnait de toutes parts, et qu'il fallait attribuer à quelqu'un nos défaites; notre orgueil national ne voulant pas convenir de notre humiliation.

Mais aujourd'hui, la vérité se fait jour et impose la plus grande réserve sous peine d'écrasants démentis : un homme d'État ne s'expose pas à de tels mécomptes et n'oublie pas que l'apparence au moins de l'impartialité est nécessaire pour avoir quelque crédit au-dedans et au-dehors.

Nous étions en droit de demander beaucoup à des hommes qui avaient beaucoup critiqué : le pays trompé et désillusionné regrette ce qu'il a perdu, et il le regrettera d'autant plus qu'il verra mieux le vide de ce qu'on prétend lui donner en retour. En face de ce pouvoir provisoire, débile et inquiet, chacun place dans la balance ce gouvernement qui avait appelé à lui toutes les intelligences, qui ne connaissait plus les partis, et prêtait à ses adversaires la bonne foi qui l'animait lui-même !

Ainsi le pacte de Bordeaux est aujourd'hui déchiré par M. Thiers, et l'Assemblée va se trouver dans la plus fausse position où jamais gouvernement se soit trouvé.

Elle comprend que ce provisoire s'est tué par ses propres fautes, qu'il a lui-même fait disparaître la seule cause qui eût pu le rendre tolérable, c'est-à-dire le respect absolu de tout ce qui pouvait engager l'avenir.

En envisageant les problèmes à résoudre, elle sent la faiblesse de son principe : n'a-t-elle pas été nommée pour faire la paix ou continuer la guerre ? que de députés dont les opinions politiques n'étaient point partagées par leurs électeurs !

L'Assemblée le comprend très-bien et sent sa faiblesse ; aussi elle n'ose pas se prononcer, et ne le peut-elle sans tromper la confiance du pays qui lui avait donné un autre mandat.

Pour résoudre la grande question de république ou de monarchie, il est de toute évidence que l'assemblée actuelle est incompétente : abuserait-elle de son pouvoir pour résoudre ces questions fondamentales, qu'en droit son vote serait nul, et que par le fait il resterait stérile.

Une question si importante doit être décidée par une chambre spécialement élue à cet effet, ou bien mieux encore par le pays lui-même.

Dans une nation ou le suffrage est restreint, comme chez nous, en 1830, on comprend qu'une assemblée élue par ce genre de suffrage puisse en quelque sorte s'attribuer le droit de choisir une dynastie : le principe de la représentation nationale n'était pas absolu, et si un certain nombre d'électeurs étaient censés représenter la France entière, il était tout naturel qu'une délégation au second degré disposât de la souveraineté nationale.

Tel était le principe de la maison d'Orléans. Le suffrage universel l'a tué dans son germe : et il n'est point dans l'histoire d'exemple d'une démocratie abdiquant ses droits : on ne remonte pas contre le courant qui emporte les nations.

A la bourgeoisie, pâle copie d'une aristocratie à jamais perdue, le peuple a réclamé les mêmes droits que le tiers-état avait arrachés à la monarchie expirante, et fort de l'égalité qu'il a irrévocablement acquise, il ne renoncera jamais à choisir lui-même et directement un souverain qu'il connaîtra aussi bien que ses députés le pourraient connaître : son profond bon sens lui indique que c'est au reste la seule manière de n'être pas trompé.

Ainsi quoiqu'on fasse, le pacte de Bordeaux doit nécessairement aboutir à un plébiscite, et ce plébiscite donnera une majorité d'autant plus forte à l'Empire, qu'il aura été plus longtemps retardé.

Les esprits les plus légers comprennent que l'abîme se creuse chaque jour plus profond ; qu'une mésintelligence entre M. Thiers et l'Assemblée peut nous livrer à tous les hasards et à tous les dangers : l'incertitude qui nous domine fait regretter le passé.

Hommes des gouvernements provisoires ! prenez garde, vous avez livré la France à l'émeute, vous étouffez ses richesses, vous abaissez le peu de grandeur qui nous reste, vous avez ressuscité les partis: vous n'êtes plus le pouvoir, vous n'êtes vous-mêmes qu'un parti, vous n'êtes qu'un dernier reflet de la bourgeoisie de 1830. Le vent de la démocratie vous emportera parce que vous n'avez rien fait pour le peuple, vous avez raison de le redouter : mais prenez y garde, vous faites la force de ceux qui en appellent à la nation, le peuple compare, souffre et attend, vous aurez rétabli l'Empire et ce sera votre châtiment !

FIN

Poissy. — Typ. S. Lejay et Cie.

AMYOT, éditeur, rue de la Paix, 8, Paris

BROCHURES D'ACTUALITÉ

PROCÈS HISTORIQUE DES AUTEURS DE LA GUERRE DE 1870, par ADAM LUX..... 15 c.
SEDAN, Conversation à table d'hôte, par ADAM LUX.................................. 15 c.
VINGT ANS DE CORRUPTION, par A. LUX. 30 c.
LES MYSTÈRES DE LA CASSETTE IMPÉRIALE, par ANDRÉ RAIBAUD.................. 15 c.
A CHACUN SA PART DANS NOS DÉSASTRES, SEDAN, SES CAUSES ET SES SUITES.. 30 c.
ILS EN ONT MENTI, par un Rural...... 30 c.
LE SALUT, par un ancien Républicain..... 50 c.
LA CONSPIRATION BONAPARTISTE...... 5 c.
LA VÉRITÉ SUR LA CAMPAGNE DE 1870, par M. FERNAND GIRAUDEAU................ 1 fr.
LA JOURNÉE DU 4 SEPTEMBRE AU CORPS LÉGISLATIF, par M. ERNEST DRÉOLLE..... 2 fr.

Envoi franco contre mandat de poste.

Poissy. — Typ. S. Lejay et Cie.

www.ingramcontent.com/pod-product-compliance
Lightning Source LLC
Chambersburg PA
CBHW060606050426
42451CB00011B/2101